Le Livre de Famille,

OU

DIX-HUIT EXERCICES GRADUÉS

Pour apprendre à Lire en peu de temps,

A L'USAGE

Des Ecoles primaires de l'Académie de Toulouse.

Toulouse,

IMPRIMERIE DE LÉON DIEULAFOY.

1833.

LE
LIVRE DE FAMILLE.

LE LIVRE DE FAMILLE.

AVIS POUR LE MAITRE.

1.° Le Maître lira chaque Exercice deux ou trois fois avant les Elèves, en observant de bien prononcer les E suivant leur accent.

2.° Il ne doit point *épeler*, mais prononcer chaque syllabe comme un son simple.

3.° Il fera répéter aux enfans tous les sons contenus dans chaque exercice, en leur en montrant le signe dans l'ordre dans lequel ils sont présentés. Quand les enfans les connaîtront et les prononceront bien dans l'ordre du tableau, il variera sa leçon en les leur montrant indistinctement.

4.° Il n'abandonnnera aucun exercice, qu'ils ne le sachent parfaitement ; et quand il en sera aux petites phrases qui résument chaque exercice, il ne corrigera les fautes qu'ils feront qu'en leur montrant la même syllabe dans le tableau précédent.

5.º Nous n'avons pas besoin de dire qu'il emploiera les moyens ordinaires pour faire naître et captiver leur attention, et exciter leur amour-propre par la vue de leur succès.

6.º Nous avons placé l'Alphabet après le 8.ᵉ exercice, parce qu'ayant alors vu toutes les lettres dans différens sons, il est utile qu'ils apprennent à les nommer dans l'ordre ordinaire.

1.er EXERCICE.

A	ea			Ha	ah		
e	eu	œu	eue	he	heu		
é	ei	ée		hé	hei	hée	eh
è	ai	æ	œ	hè	hai		
ê	eai	aie		hê	haie		
i	y	ie		hi	hy	hie	
o	eo	au	eau	ho	hau	heau	oh
u	ue			hu	hue		
ou	oue			hou	houe		
oi	eoi	oy	oie	hoi	hoy		
ui	uie			hui			
ieu	yeu			hieu			

a e é è ê i o ô u y h
A E É È Ê I O O U Y H

2.ᵉ EXERCICE.

ma	na	la	ra	rha	mie	nie	lie	rie	
me	ne	le	re	rhe	mo	no	lo	ro	rho
meu	neu	leu	reu		mau	nau	lau	rau	rhau
mé	né	lé	ré	rhé	meau	neau	leau	reau	
mei	nei	lei	rei		mu	nu	lu	ru	rhu
mée	née	lée	rée	rhée	mue	nue	lue	rue	rhue
mè	nè	lè	rè	rhè	mou	nou	lou	rou	
mai	nai	lai	rai		moue	noue	loue	roue	
mê	nê	lê	rê	rhê	moi	noi	loi	roi	
		laie	raie		moy	noy	loy	roy	
mi	ni	li	ri	rhi	mui	nui	lui	rui	
my	ny	ly	ry	rhy	mieu	nieu	lieu	rieu	

m n l r M N L R

Application des Exercices précédens.

A rè ne ma ni è re ma ré e Ma rie mè re mu re mo le meu le mo ra le La ma â ne i ra mo rue lu nai re mau re mai rie mue moi ré lai ne hi le Hi lai re A na nie ho no rai re lo ri Ro me Lau re nue ha meau u nau moi neau eau ru mi ne me nu ra mée li mée ru i né ha lé lue

mou le noue nou û re lou re roue a mie
rou le moue rei ne loue mi née rou lée
ai mée Hé lè ne a loi roi nui re lui re
raie haie hai ne ha lei ne heau me hè re
heu re ho la houe hou ri huée hui le
leu rê ne Ho no ri ne moy eu noy au
roy au me hoy au E mi lie ly re Loi re
ra mo née rou leau rhu me au ro re.

Petites Phrases.

Ma mère ira à Rome. Honorine aime la marée. A une heure, Laure ira au hameau. Emilie aura une lyre. La reine a ruiné le royaume. Ananie a loué le roi. Nérine aimera Hélène.

5.e EXERCICE.

Ta	tha	da	Tie	thie	die
te	the	de	to	tho	do
teu	theu	deu	tau	thau	dau
té	thé	dé	teau		deau
tei		dei	tu	thu	du
tée	thée	dée	tue		due
tè	thè	dè	tou	thou	dou
tai	thai	dai	toue		doue
tê	thê	dê	toi	thoi	doi
taie			toy		doy
ti	thi	di	tui	thui	dui
ty	thy	dy	tieu	thieu	dieu
	t	d		T	D

Application des Exercices précédens.

A dieu a do rée a dy na mie a é ro-nau te Tha li e ma da me mi la dy Ti ty re thi a thie ru de to ma te tho ni ne ma-tée hau tai ne thé o rie Dé mo na ra-deau ri dée é tu de Ma thu ri ne du re mo dè le té mé rai re ma tou a ma dou é tau ra teau thau toi le é toi le tê te

a na thè me tue é tui ré dui re di a dè me
mi te loy au té tau reau deu té ro no me
Do ro thée thè me a ma doue due té mé‑
ri té mo du lée tou te ru do yé du re té
do mi né a ra toi re é té hui tai ne au‑
di toi re au to ri té hô te ma la de uti li té
tai re ri deau na tu re dé li re do mai ne
dé mo li ra.

Petites Phrases.

Tityre mènera le radeau. Madame a été malade. Dorothée aime la tomate. Athalie a une mine hautaine. Le téméraire Emile a rudoyé le taureau. Le roi honore la loyauté. L'étude a été utile à l'ami de madame. Démona a été dire adieu à ta mère. Mathurine a la tête dure.

4.ᵉ EXERCICE.

Pa	ba	va	Pie	bie	vie
pe	be	ve	po	bo	vo
peu	beu	veu	pau	bau	vau
	bœu	vœu	peau	beau	veau
pé	bé	vé	pu	bu	vu
pei	bei	vei	pue	bue	vue
pée	bée	vée	pou	bou	vou
pè	bè	vè		boue	voue
pai	bai	vai	poi	boi	voi
pê	bê	vê	poy	boy	voy
paie	baie	vaie		boie	voie
pi	bi	vi	pui	bui	vui
			pieu	bieu	vieu

p b v   P B V

Application des Exercices precédens.

A bi la a bî me neu ve bâ tie ba teau ri va li té pi ra te La vi nie pa pe lo be pie ra vie peu à peu po pu lai re veu ve bo vi ne vo lée vœu a veu ra pé vé ri té é pau le bé ni pei ne vei ne veau ra pée la pe reau beau ri vée peau pu ni bu re la vu re pè re é bè ne vou lu boi re boue voi rie poi re vai ne baie paie bê te vi de ve lu A ra bie pou le bou le vê le bou-leau pai re ré vè re ri vi ère bau me ra vau de voue boy au dau be pa vé va ni té po pu la rité beau té va ri é té Boi leau pé nu rie Pé rou.

Petites Phrases.

La poire a la peau ridée. Le pape a béni le bateau. Mélanie ravaude une robe. La pie a volé une boule. Le pirate a été puni. Papa a lu le thême d'Ananie. L'avare a été volé. Une émeute populaire a eu lieu, le pavé de la rue a été abîmé.

5.e EXERCICE.

Fa	pha	cha	Fie	phie	chie
fe	phe	che	fo	pho	cho
feu	pheu	cheu	fau		chau
fé	phé	ché	fu	phu	chu
fei		chei	fou		chou
fée	phée	chée	foue		choue
fè	phè	chè	foi		choi
fai		chai	foy		choy
fê	phê	chê	foie		
fi	phi	chi	fui		chui
fy	phy	chy	fuie		
f			F		

Application des Exercices précédens.

A che a chée a che mi née a chè ve a é ri fè re a e ro pho be lei che Fa ti me Dau phi né cha ri té fi ni é pi ta phe pha re fe ra feu chau mi è re fu mée fi chu lâ ché ma chi ne fou fai re chou chai re foi Chi li feu da tai re fée fui rai foie fê te ra chè te fo lie fé lonie fé ti che ni chée chyle fau te né o phy te ma la-

chie Deiphobe chômé chopine châume
chute foule échoue bafoue mâchoire
fuite débouché chaudière faite ba-
foué échoué charivari.

Petites Phrases.

Marie aura une chopine d'eau. La che-
minée fume. Fatime a acheté une poule
noire. Deiphobe fuira à la vue du taureau.
Ma mère a chômé la fête de Marie. L'âne
a la mâchoire dure. Papa fera l'épitaphe
de ta mère. Milady fera faire une chau-
mière. La faute de Fatime a été réparée.

6.ᵉ EXERCICE.

Sa	za	ja	so	zo	jo
se	ze	je	sau	zau	jau
seu	zeu	jeu	seau		
sœu			su	zu	ju
sé	zé	jé	sue		
sei	zei	jei	sou	zou	jou
sée	zée	jée			joue
sè	zè	jè	soi		joi
sai	zai	jai	soy		joy
sê	zê	jê	soie		joie
si	zi	ji	sui	zui	jui
Sie			sieu		
s	z	j	S	Z	J

Application des exercices précédens.

A ba joue heu reu se* choi si cho se fâ cheu se So phie ra sa de sa la de ja lou sie zi za nie j'i rai j'o bé i rai Zo pi re jeu ne seu le sé ré na de soie Jé ré mie sau te jau ne ro seau ri sée Su ze ju ju be sou pe

---

* S entre deux voyelles se prononce comme z.

jou jou soie rie joie soi j'ai me Eu sè be zè le je té Zu li ma zé lé me neu se hi deuse o se raie thè se sé vè re pui sé sai ne re je té soy eu se joy eu se sui vie jui ve Sei ne si rè ne joûte Si do nie Sé ra phi ne oi seau.

Petites Phrases.

Sophie aura une robe de soie. J'ai choisi le fichu jaune. La foule se retirera peu à peu. La joie de Zulima sera de peu de durée. J'aime le zèle du jeune Néophite. J'irai à Suze. J'ai suivi la foule joyeuse. La jalousie de Zopire lui sera fatale. Sidonie a suivi la rive de la Seine.

7.ᵉ EXERCICE.

Psa	xa	ga	psy	xy	guy
pse	xe	gue	psie	xie	guie
pseu	xeu	gueu	pso	xo	go
psé	xé	gué	psau	xau	gau
psée	xée	guée	pseau		
psè	xè	guè	psu	xu	gu
psai	xai	gai	psou	xou	gou
psê	xê	guêe			goue
		gaie	psoi	xoi	goi
psi	xi	gui			

x   g   X G

Syllabes où G se prononce comme J.

gea ge geu gé gei gée gè gê
geai gi gie geo geau geoi gieu

Application des Exercices précédens.

A ba ta ge A bo ri gè ne a da ge geai a da gi o a é ro lo gie nei ge gâ teau e xi gea Psy chée ga geu re rap so die pseu do ny me gé né ra le Po ly go ne gaie pseau me na geoi re a xi o me lo gée a xe geo li è re lu xe gou leau fi xé fi xée gaî ne

o lé a gi neu se   he xa go ne   gê ne   gu du le
Eu do xie   I psa ra   Eu gè ne   é ga rée   e xa-
mi ne   bou gie   I phi gé nie   apo gée   ba gue
gué rie   na guè re   gui de   fa ti guée   Ge ne-
vi è ve   pé ri gée   goû te   ra vo la ge

Petites Phrases.

J'ai goûté le gâteau. Eudoxie jouera l'adagio de la Sonate. La geolière ira au chateau. Pauline a lu le pseaume. Iphigénie a été au polygone. Le philosophe exigera d'Isidore une étude sérieuse. Zélie examinera la robe de Julie. La jolie Geneviève a fixé le volage Eugène.

8.ᵉ **EXERCICE.**

Qua	ka	ca	quê	kê	
que	ke		qui	ki	
queu		cœu	quo	ko	co
qué	ké		quau	kau	cau
quei	kei		quu	ku	cu
quée	kée		quou		cou
què	kè		quui		coi
quai	kai	cai	quui		cui
q	k	c	Q	K	C

Syllabes ou C se prononce comme S.

ce ceu cé cei cée cè cê ci
cie ceau çu ça ço çai çoi cieu.

Application des Exercices précédens.

A bé cé dai re a ca ci a a ca dé mie a ca‑
dé mi que a cé rée a ci de a ci du le a co‑
ly te a cu mi née teu to ni que fé cu le
qua li té qui no la a dou cie dou ce reu se
ce la Ni co le rou cou le cou ra ge quoi
cui re bo na ce Cai re é cou te ra mu‑
queu se qu'u ne rau que qu'au rai-je
re çoi ve fa ça de re çu quai dé çu pi qué

pi quée Phé ni cie phy si que e xauce
a po ca ly pse ca deau Fé li cie cui si ni è re
Ca lé do nie Cé ci le cau se Ca ro li ne

Petites Phrases.

La cuisinière fera cuire du veau. Dieu exaucera le vœu de Gudule. Nicole étudiera la physique. Félicie a reçu une jolie chaîne. Qu'aurai-je à faire jeudi. La venue de Zélia a adouci la peine de sa mère. Cécile sera piquée du rire ironique de Caroline. Ecoute la doucereuse Céline qui cajole sa cousine.

a b c d e f g h i j k l m n o p q r s t u v x y z æ œ

a b c d e f g h i j k l m n o p q r s t u v x y z æ œ

A B C D E F G H I K L M N O P Q R S T U V X Y Z Æ Œ

9.ᵉ **EXERCICE.**

pla	bla	fla	phla	cla	chla	gla
ple	ble	fle	phle	cle	chle	gle
pleu	bleu	fleu		cleu		gleu
plé	blé	flé	phlé	clé	chlé	glé
plei	blei	flei		clei		glei
plée	blée	flée	phlée	clée	chlée	glée
plè	blè	flè	phlè	clè	chlè	glè
plai	blai	flai		clai		glai
plê	blê	flê	phlê	clê	chlê	glê
plaie				claie		
pli	bli	fli	phli	cli	chli	gli
plie	blie	flie		clie		glie
plo	blo	flo	phlo	clo	chlo	glo
plau	blau	flau		clau		glau
plu	blu	flu	phlu	clu	chlu	glu
						glue
plou	blou	flou		clou		glou
ploi	bloi	floi		cloi		gloi
ploie						
plui	blui	flui		clui		glui
pluie						

Application des Exercices précédens.

A ble   a bmi na ble   nè fle   pla qué
blâ mé   plu vi eu se   pleo peu bleu   fleu ve

pleu ré sie flé chie Fla vie peu plée gi ro-
flée plé ni è re sa blée plei ne plai re
Blai se Pli ne flé au bi bli o thè que
blo qué Flo re pa ra pluie flui de blé
blu té plie ra flè che mei gle gla ne
ba za cle ra clé ra clée a veu glé a veu glée
clai re voie claie beu gle glai reu se
glo ri fie glou clou gloi re glu ti neu se
Clu ni é gli se chlo re Hé ra cli de chla-
my de pa phla go nie

Petites Phrases.

Flore aime la rosée. L'eau clarifiée
sera utile à ce hameau. La giroflée fleurira
à la suite d'une légère pluie. Voilà une
matinée pluvieuse. Flavie a oublié de
lire la fable. Claire a été à la glacière.
Ma flèche a touché l'oiseau.

10.ᵉ EXERCICE.

pra	bra	vra	fra	phra
pre	bre	vre	fre	phre
preu	breu	vreu	freu	
pré	pré	vré	fré	phré
prei	brei	vrei	frei	
prée	brée	vrée	frée	
prè	brè	vrè	frè	phrè
prai	brai	vrai	frai	
prê	brê	vrê	frê	phrê
pri	bri	vri	fri	phri
pry	bry	vry	fry	phry
prie	brie	vrie	frie	
pro	bro	vro	fro	phro
prau	brau	vrau	frau	
pru	bru	vru	fru	
prou	brou	vrou	frou	
proue				
proi	broi	vroi	froi	
proie	broie			
prui	brui	vrui	frui	

Application des Exercices précedens.

Bra va de a bré gé a breu ve Phry gie a bri a bru tie pru neau pra ti que ou-

vra ge pro vo que bro chée bro chu re
poi vre preu ve pré pa ré bré vi ai re
pri è re pre mi è re proie sa bre poi vré
beau pré sa brée prai rie brai re broie
prê che brêche a bré gé vrai pré sa ge
ou vri è re prou vé proue pro pre té
œu vre brou a fri cai ne bru i ne nau‑
fra ge pé ri phra se fro ma ge prie frau‑
du leu se gouffre O nu phre frai se fru ga le
ba la frée ba la fré frè re frau de frai che
pa le froi bé froi frui te rie brie Phry né

Petites Phrases.

Prépare toi à la prière. L'ouvrière laborieuse sera utile à sa mère, qui la chérira. La meule broie le blé. Le frère d'Euphrosine a la figure balafrée. Phryné a été soumise à une épreuve désagréable.

11.e EXERCICE.

tra	thra	dra	cra	chra	gra
tre	thre	dre	cre	chre	gre
treu		dreu	creu		greu
tré	thré	dré	cré	chré	gré
trei		drei	crei		grei
trée		drée	crée		grée
trè	thrè	drè	crè	chrè	grè
trai		drai	crai		grai
trê	thrê	drê	crê	chrê	grê
tri	thri	dri	cri	chri	gri
trie		drie	crie		grie
tro	thro	dro	cro	chro	gro
trau		drau	crau		grau
tru	thru	dru	cru	chru	gru
trou		drou	crou		grou
troue			croue		
troi		droi	croi		groi
troie			croie		
trui		drui	crui		grui
truie					

Application des Exercices précédens.

A do ra tri ce a é ro mé trie hê tre tra ce
Thra ce a mai grie vou dra tri go no mé trie

a cre té faudra tro phée dro ma dai re
grâ ce a cri mo nie a pô tre vau tré tra hi
traî neau a cro ba te vou drai Ro trou A trée
troi siè me droi tu re au trui drui de
au tru che cloî tre hy dro pho bie trouvé
hy po cri sie i so cra te chro ni que Ti gre
a gro no me creu se cru di té Gré goi re
gru ge cré du le su crée ti grée é croue
croi re crè che crie trei ze grou i ne
a grai re gre na de chrê me

Petites Phrases.

Nérine a trouvé l'eau sucrée délicieuse. Le tigre a dévoré la chèvre du pauvre Azuma. Dominique étudiera la trigonométrie. L'adroite Lise a brodé la jolie robe de sa mère. J'ai vu une aimable créole. Isocrate relève d'une grave maladie. La grêle a ravagé ce côteau.

12.ᵉ EXERCICE.

gna	gnè	gnau
gne	gnai	gneau
gneu	gnê	gnu
gné	gni	gnou
gnei	gnie	gnoi
gnée	gno	gnui

Application des Exercices précédens.

Joigne seigneurie ivrognerie ignore agneau lignage témoigné baignée magnétique bénignité baignoire teigne

Petites Phrases.

A midi sa seigneurie se baignera. Marie sera fatiguée de sa promenade. Je guérirai l'agneau malade.

15.ᵉ EXERCICE.

Am	an	al	ar	at	ad	ap	ab
em	en	el	er	et	ed	ep	eb
eum	eun	eul	eur	eut	eud	eup	eub
			œur				
eim	ein		eir	eit	eid	eip	eib
aim	ain		air	ait	aid	aip	aib
eaim	eain		eair	eait	eaid	eaip	eaib
im	in	il	ir	it	id	ip	ib
om	on	ol	or	ot	od	op	ob
aum	aun	aul	aur	aut	aud	aup	aub
um	un	ul	ur	ut	ud	up	ub
oum	oun	oul	our	out	oud	oup	oub
oim	oin	oil	oir	oit	oid	oip	oib
			eoir				
uim	uin	uil	uir	uit	uid	uip	uib

---

av	af	ac	ach	as	ax	ag
ev	ef	ec	ech	es	ex	eg
euv	euf	euc		eus	eux	eug
	œuf					
eiv	eif	eic		eis	eix	eig
aiv	aif	aic		ais	aix	aig
iv	if	ic	ich	is	ix	ig
ov	of	oc	och	os	ox	og
auv	auf	auc	auch	aus	aux	aug
					eaux	

uv	uf	uc	us	ux	ug
ouv	ouf	ouc	ous	oux	oug
oiv	oif	oic	oix	ois	oig
uiv	uif	uic	uis	uix	uig
hal	her	his	hom	hum,	etc, etc.

Application des Exercices précédens.

Ab ba ti*al ab di ca ti on a blu ti on
ad di ti on ad ju gé ap pli qué ar rê té
an tho lo gie en traî ne elle em me né et
air im pa tien ce in fi ni tra hit il lu soi re
ir ri té o bé it or di nai re hom me ob te nu
un Ur su le af fa di af fai re af fi che
ac cu sé il of fri ra œuf ma té ri aux Aix
Eus ta che af freu se ar tè re an ne xe.

Petites Phrases.

Eustache a imprimé un livre qui traite de l'humilité chrétienne. Antoine a obtenu une audience du Roi. J'ai été indigné de l'audace de ce jeune homme. Le maître infligera une punition à l'élève indocile. La mauvaise société entraîne au vice même l'homme de bien.

---

* Presque toujours la syllabe *ti* se prononce *ci*, devant *an en al el on eu ie*.

14.ᵉ EXERCICE.

mal	maux	main	noix	nous	neuf
les	leur	laid	roux	rat	rais
tein	toit	tel	doux	dur	dis
peaux	peur	pin	bois	bain	bor
voir	vin	veut	fois	faim	fut
choix	chair	chut	sois	sœur	ses
join	jour	joug	geux	gar	gam
xis	xan	xer	ceux	car	caux
ques	qu'aux	qu'un	plein	plis	plir
blois	blam	bler	flam	flux	flic
clar	clis	clair	glas	gler	glez
près	prin	preux	bras	bruit	brer
vreux	vrez	vrir	frais	frêt	frit
trois	trous	trer	drais	drap	droit
crac	croix	crois	grais	gris	grir
gneur	gneaux	gnait	gueux	guis	guir

Applications des Exercices précédens.

Muid ar deur chef-d'œu vre doy en s'é ver tue Paim bœuf vau trer A bei lard

---

NOTA. Cet exercice, quoique incomplet, donnera cependant aux élèves une idée de la manière dont les consonnes finales s'adaptent aux sons des exercices précédens, et ils pourront ainsi par analogie former toutes les syllabes semblables.

é pou van ter a bou tir pui ser tem pê te of frir re cour bée fo men ter fau cher Zeu xis sui vez as phy xi er Na xos cœur quo li bet cau de bec cer ceau a près com men cé af flu en ce seul em ploi mor dre con dam ne en sem ble meut mal heur par tie Par the mer ci dou ceur es saim gra vir ruis seau A mal thée voy ez Man toue bei gnet phé bus foy er choy er Zui der zée a bou tir A bou kir

Petites Phrases.

Celui qui marche avec les sages deviendra sage. L'ami des insensés leur ressemblera. Celui qui sème l'injustice moissonnera les maux, et il sera brisé par la verge de la colère. L'impie disparaîtra comme une tempête qui passe.

15.ᵉ EXERCICE.

ams ant abs ent and ect ins ils
ons eons obs ord amps, emps, ert
est eurs ont ong oigt

Application des Exercices précédens.

A bat te ment ai ment al lant ab ject
a boie ment a bord abs te nir ac cord
abs ti nen ce abs trac ti on obs ti na ti on
obs ta cle ins tant ins truc ti on doigt
Ams ter dam por tons ex hor tons temps

Petites Phrases.

L'instruction de cet enfant n'a pas été négligée. Amsterdam est la capitale de la Hollande. Un honnête homme doit s'abstenir de parler mal des autres. La paresse de ce jeune homme est un obstacle à son avancement.

16.e EXERCICE.

ueil	ueill	eil	eill	ouil	ouil
euil	euill		ill		uill
œil	œill	ail	aill		

Application des Exercices pécédens.

Ac cueil re cueil ac cueill ir re cueil e ré veil so leil a beill e feuill e aill eurs ail fa mill e mouill é rouill ée bill e bouill i bouill oi re o reill e œil œill et œill a de che nill e gro seill e fe nouil.

Petites Phrases.

J'ai cueilli un œillet superbe pour la fête de ma sœur. Cette chenille qui vous paraît dégoûtante deviendra bientôt un joli papillon. Un enfant bien élevé respecte la vieillesse.

17.ᵉ EXERCICE.

Sta spa sca stra sté spé své
sphè sque sti sty spi squi stri
scri sto spo sco stro scro scho*
stu scau sple mné

Application des Exercices précédens.

Sque let te stu di eux splen deur sty le Sca pin spa das sin sté ri le sta de stra‑ pon tin spé cu ler sphè re svel te squir rhe spi ra le stig ma te Stry mon spo li a teur sco rie scho lie stro phe sto re scri be scro phu leux scru ta teur Scan di na vie Mné mo sy ne stè re.

Petites Phrases.

L'enfant studieux sera aimé de ses parens. L'arbre stérile sera jeté au feu. Les anciens honoraient Mnémosyne comme déesse de la mémoire.

---

* *ch* après *s* se prononce ordinairement comme *k*.

18.e EXERCICE.

EXCEPTION 1.re

ch se prononce quelquefois comme *k*.

EXEMPLE :

Cha os chœur cher sonè se cho lé ra chi ro lo gie cho ré ge chi ro mancie, etc.

2.me

Lorsqu'il y a un tréma sur une voyelle, elle doit former une syllabe séparée de celle qui précède.

EXEMPLE :

Haï naïve Moïse poëme Esaü, etc.

3.me

Quelquefois *ill* n'est pas mouillé, comme dans :

A chil le vil le si byl le mil le pu pil le Lil le i dyl le syl la be vil la ge, etc.

4.me

s devant *c* ou *ch* est quelquefois nul.

EXEMPLE :

Sceau scé lé rat scep ti que scis sion sci en ce schis me di sci ple, etc.

Pièce de Lecture courante,

SERVANT DE COMPLÉMENT A TOUS LES EXERCICES.

Je ne suis encore qu'un enfant ; mais je veux louer Dieu, parce qu'il est très-grand ; je veux le bénir, parce qu'il est très-bon.

Il a fait toutes choses : le soleil pour régler le jour ; la lune pour éclairer pendant la nuit. Il a créé l'énorme baleine et l'éléphant, de même que les plus petits insectes qui fourmillent sur la terre.

Nota. Les numéros placés sur les syllabes servent à rappeler l'Exercice dans lequel elles se trouvent, pour y ramener les enfans au besoin.

14 1 14   14 15 14 2 13 14 3
Les oiseaux chantent les louanges de
3   15 15 7 16 15 14 14 2 14
Dieu, lorsqu'ils gazouillent sur les rameaux
14 3 15   14   14   14   14 15 14
verdoyans ; les ruisseaux chantent ses
2 13 14   15   15   14 2 15 3 8
louanges, lorsqu'ils murmurent douce-
15 14 14 16 14   4 14
ment sur les cailloux polis.

6 14   14 8 14 2 10 2   14   14
Je vais parcourir la prairie, voir com-
15   14 15 14 15   14 15   2
ment poussent les fleurs des champs ; je
14 13 14 11 2 2 7 14 1 14 13
vais entendre le ramage des oiseaux, et
2 2 14 14 2 7 14   14 15
m'amuser sur le gazon naissant.

2 14 15 14 6   14   14 15   14
L'hiver est passé ; les bourgeons com-
14 15 1 14 11 14 14 13 14 2 14
mencent à poindre sur les arbres ; la fleur
14 10 3   4 14   6 4 2 13 13 4
pourprée du pêcher s'épanouit, envi-
14 2 3 16 14   14   15   14 11
ronnée de feuilles d'un vert tendre.

14   14   15 14 14 3 10 2 4 14
Les haies sont bordées de primevères
13 3 14 16 14 6 14 8   14 15   15
et de jonquilles jaunes qui penchent leurs

têtes, et la violette se cache sous l'humble gazon.

Le papillon voltige de buisson en buisson, de fleur en fleur, et étale ses ailes brillantes aux rayons du soleil.

Les jeunes animaux de toute espèce croissent, et se trouvent heureux d'être nés ; ils semblent par leurs cris joyeux remercier celui qui leur a donné la vie.

Je louerai aussi Dieu, quoique je ne sois encore qu'un enfant. Il y a quelques années que j'étais au berceau, ma langue était muette ; je ne connaissais pas le nom de Dieu. Maintenant que je puis parler, et que la raison commence à naî-

58

¹¹ ¹³ ² ⁶ ¹⁴ ² ¹³ ⁶ ¹⁴ ³
tre en moi, je veux louer sa bonté.
¹³ ⁶ ^{6 2} ¹⁴ ^{1 7} ^{6 2} ^{2 2}
Quand je serai plus âgé, je le louerai
¹⁴ ⁶ ¹⁴ ⁶ ² ² ⁹ ² ^{13 6}
mieux. Jamais je ne l'oublierai, aussi
¹⁵ ¹⁵ ¹⁴ ² ¹⁴ ¹⁴ ⁴ ² ² ⁴
long-temps qu'il me conservera la vie.

TOULOUSE, IMPRIMERIE DE LÉON DIEULAFOY,

RUE DES TOURNEURS.

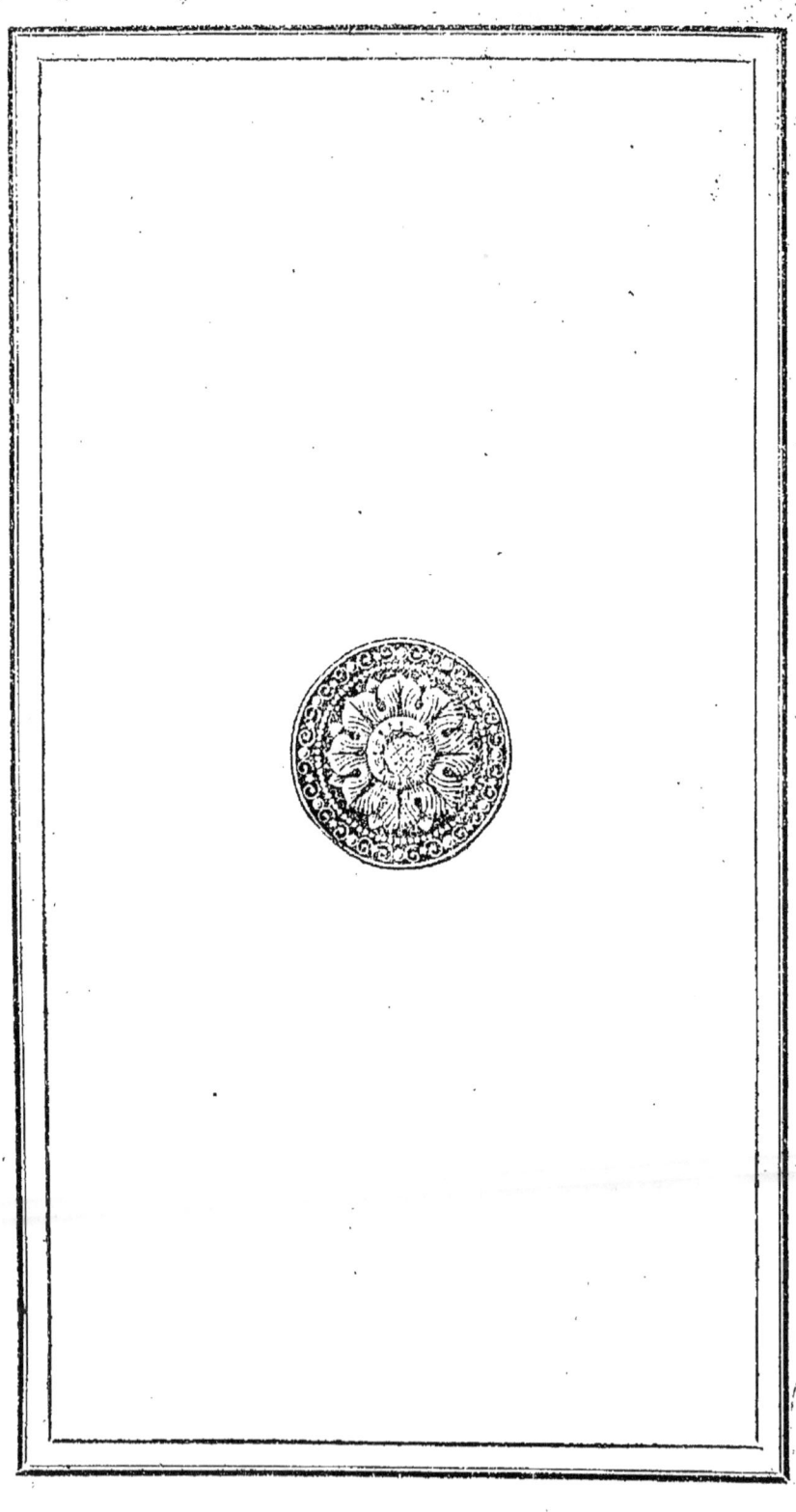

www.ingramcontent.com/pod-product-compliance
Lightning Source LLC
Chambersburg PA
CBHW060956050426
42453CB00009B/1193